ममता जायसवाल

कॉलिंस लर्निंग द्वारा प्रकाशित
हार्पर कॉलिंस पब्लिशर्स इंडिया प्राइवेट लिमिटेड का संभाग

हार्पर कॉलिंस पब्लिशर्स
बिल्डिंग नंबर 10, टॉवर ए, चौथी मंजिल, डीएलएफ साइबर सिटी, गुरूग्राम, हरियाणा 122002, भारत

1 लंदन ब्रिज स्ट्रीट, लंदन, एस ई 1 9जी एफ, यूनाईटेड किंगडम

2 ब्लूर स्ट्रीट ईस्ट, टोरंटो, ऑन्टैरियो एम4डब्ल्यू 1ए8, कनाडा

एल वी एल 13, 201 एलिज़ाबेथ स्ट्रीट
(पी ओ बॉक्स ए565, एनएसडब्ल्यू, 1235)
सिडनी, एनएसडब्ल्यू 2000, ऑस्ट्रेलिया

195 ब्रॉडवे, न्यूयॉर्क, एन.वाई. 10007, यू.एस.ए.

Browse the complete Collins catalogue at www.collins.in
For any queries/feedback, please write to us at **SCHOOLSUPPORT@harpercollins.co.in** or call us on **0124-4894800**.

प्रथम संस्करण 2020

Reprint: 10 9 8 7 6 5 4 3 2

ISBN : 978-93-5357-255-6

रूपसज्जा एवं टाईपसेटिंग : टाईपफ़ेस प्रिंटोग्राफ़िक्स प्रा. लि.

मुद्रक : माइक्रो प्रिंट इण्डिया, नई दिल्ली

Acknowledgements

Cover: HarperCollins*Publishers*India
Title Page: HarperCollins*Publishers*India
Prelim Pages: radenmas, denkcreative, nonohana, graphic-bee

प्रस्तावना

कॉलिंस लिटल लरनर्स में कुल मिलाकर २० पुस्तकों का सेट उपलब्ध है, जिनके द्वारा विभिन्न वर्गों को ध्यान में रखते हुए शिशु शिक्षा की व्यवस्था की गई है। बच्चों की सीखने के लिए सर्वाधिक उपयुक्त आयु ३ से ६ वर्ष की होती है। इस वर्ग के बच्चों के समग्र कौशल विकास को दृष्टि में रखते हुए तीन स्तरों तक यह शिक्षा-प्रबंध-श्रृंखला फैली हुई है - जिसमें अंग्रेज़ी, गणित, सामान्य जागरूकता, कला, शिल्प तथा हिंदी - ६ विषय चयनित हैं। प्रत्येक श्रृंखला में अंग्रेज़ी के लिए कार्य पुस्तिकाओं के संग्रहण की योजना की गई है और अन्य सभी स्तरों के लिए एक ऐसी कार्य पुस्तक जिसमें लयबद्ध गीतों तथा कहानियों के संकलन हों, सम्मिलित किया गया है। पुस्तकों के इस सेट के द्वारा बच्चों को बार-बार समर्पण एवं मनोयोग के साथ संचालित गतिविधियों के सतत अभ्यासों द्वारा मनोनुकूल कलाकृतियों की संरचना के लिए मार्ग प्रशस्त करती है। प्रारंभिक विकास और सीखने का सर्वोत्तम काल यही है। इस अवधि के दौरान बच्चों को अनुभव अर्जित करने हेतु पर्याप्त अवसरों की आवश्यकता होती है क्योंकि इस प्रकार के प्रयास सीखने की क्षमताओं को विकसित करने में अनुकूल होते प्रमाणित हैं। जब सीखने के अनुभवों को हासिल करने के लिए हम इस विधि को चुनते हैं, योजना बनाते हैं, तो ये उपाय बच्चों की जिज्ञासाओं को प्रज्ज्वलित करने के लिए ईंधन का कार्य करते हैं और उनकी विचार प्रक्रियाओं को प्रोत्साहित करने का उपयुक्त साधन बनते हैं।

प्रारंभिक वर्षों के दौरान सीखना और विकास

प्रारंभिक वर्षों के दौरान सीखने का लक्ष्य बच्चों के व्यक्तित्व के सर्वांगीण विकास, स्वस्थ दृष्टिकोण, जीवन कौशल और अच्छे मूल्यों को उत्पन्न कराना होता है। इस लक्ष्य की प्राप्ति के लिए रचनात्मक खेल, सुविचार पूर्ण क्रियाओं और विकासोन्मुख उपयुक्त गतिविधियाँ संचालित और संयोजित की जाती हैं। बच्चों को जिस कौशल को हासिल करना जरूरी होता है, उन्हें मोटे तौर पर निम्न प्रकार से वर्गीकृत किया जा सकता है:-

मोटरः मोटर कौशल मात्र चलने और कूदने तक सीमित नहीं है वरन् इसके अन्तर्गत मोटर संचालन संबंधी समस्त क्रियाएँ- एक पेंसिल को पकड़ने और लिखने की तरह समाहित हैं। मोटर कौशल विकास की क्षमताओं को प्राप्त करने के लिए यू०के०जी० के माध्यम से नर्सरी तक अनेक वर्गीकृत सुविधाएँ उपलब्ध कराई जाती हैं।

वैयक्तिक, सामाजिक और भावनात्मकः व्यक्तिगत, सामाजिक और भावनात्मक विकास हेतु एक बच्चे के व्यक्तित्व के ,सर्वांगीण विकास के लिए हस्तचालित क्रियाओं, नाटकों में भूमिकाओं की अदायगी तथा विचारोत्तेजक कहानियों और लयात्मक गीतों के गायन के समन्वित कार्यक्रमों का संयोजन किया जाता है।

भाषा सम्बंधीः भाषा को समझने, बोलने, पढ़ने और लिखने की योग्यता को प्राप्त करना, ताकि परिवेश और वातावरण को भली प्रकार समझा जा सके।

गणितीयः गणित सम्बंधी विचारों और अवधारणाओं को विकसित करना इस स्तर पर बेहद जरूरी है, ताकि स्कूली शिक्षा के दौरान इसे सीखने और विकसित करने की प्रक्रिया सही अर्थों में जारी रह सके।

ज्ञान प्राप्ति तथा विश्व को समझने की क्षमताः बच्चों के तीव्र विकास के लिए ज्ञान तथा विश्व को समझने की क्षमता की प्राप्ति बेहद जरूरी है। ताकि वे अपने संपर्क में आने वाले व्यक्तियों और वस्तुओं से यथोचित व्यवहार बना सकें।

स्वास्थ्य और सुरक्षाः बच्चों में स्वास्थ्य और सुरक्षा का विचार विभिन्न क्रियाओं, कहानियों और वास्तविक जीवन के अनुभवों को बार-बार कहने तथा दुहराने के माध्यम से विकसित किया जाता है, ताकि बच्चों को स्वास्थ्य तथा सुखद जीवन के लिए प्रेरित किया जा सके।

रचनात्मकताः बच्चों की रचनाधर्मिता को विकसित करने के लिए उन्हें कला, शिल्प, चित्रकथा, नाटकों में अभिनय निर्वाह आदि की प्रवृत्ति को मेजबानों को आमंत्रित करके विकसित की जाती है।

तार्किक और बौद्धिक सोचः ऐसी गतिविधियों का संचालन, जो बच्चों को सरल पहेलियों पैटर्न की समग्रता तथा विभिन्नताओं से परिपूर्ण दृश्यावलियों के प्रदर्शन द्वारा बच्चों में तार्किकता एवं बौद्धिकता के विकास में सहायक सिद्ध हों।

शिशु शिक्षार्थियों के लिए शिक्षक सहायता सामग्री

कॉलिंस लिटल लरनर्स श्रृंखला द्वारा शिक्षार्थियों को निम्नांकित रूपों में सघन शिक्षक सहायता सामग्री उपलब्ध कराई जाती है:

शिक्षक संसाधन पुस्तकें: उपयुक्त कहानियाँ, गतिविधि बैंक, कक्षा-प्रबंधन एवं मूल्यांकन दिशा निर्देश।

विविधता पूर्ण संचार माध्यमः जिसमें रेखात्मक चित्रण (एनिमेशन), दृश्य एवं श्रव्य चित्रमालाओं (ऑडियो-वीडियो) का प्रर्दशन, इंटरैक्टिव चित्ताकर्षक अभ्यास शामिल हैं।

मुद्रित कार्य पत्रकः डिजिटल कार्यक्रमों के सुदृढ़ीकरण एवं अभ्यास के लिए पहले से ही तैयार किये गये मुद्रित कार्य-पत्रक।

डिजिटल फ्लैश कार्ड्सः इम्बेडेड ध्वनियों के लिए फ्लैश कार्ड्स, अक्षर-रचना हेतु रेखांकन और वर्णोच्चारण हेतु सामुदायिक संगठन।

चित्ताकर्षक खेलः मज़ेदार और आकर्षक तरीके से अवधारणाओं के सुदृढ़ीकरण एवं शिक्षार्थियों को व्यस्त रखने हेतु पारस्परिक क्रियाकलाप।

चित्ताकर्षक खेलः मज़ेदार और आकर्षक तरीके से अवधारणाओं के सुदृढ़ीकरण एवं शिक्षार्थियों को व्यस्त रखने हेतु पारस्परिक क्रियाकलाप।

गतिविधि बैंकों पर एक टिप्पणी (जो शिक्षक आचरण संहिता में सम्मिलित हैं)

गतिविधि बैंकों में हाथों से संबंधित क्रियाकलाप शामिल हैं जो बच्चों को सीखने के लक्ष्यों को प्राप्त करने की दिशा, अपेक्षित कौशल के विकास हेतु सहायता करती है। हाबर्ड गार्डनर के सिद्धान्त को ध्यान में रखते हुए कई विकल्प और सारगर्भित गूढ़ तौर तरीकों द्वारा शिक्षकों को सक्षम बनाया जाता है, ताकि वे सुनियोजित चक्र के अनुसार अनुभवों और अवसरों को उत्पन्न कर सकें जो प्रत्येक शिक्षार्थी को कक्षा में भी उच्चकोटि की बौद्धिक चेतना को प्रदर्शित करने योग्य बना सके। गतिविधि बैंक शिक्षकों को बच्चों की अन्तर्निहित क्षमताओं का मूल्यांकन और पोषण करके अपने कम विकसित क्षेत्रों को पूरक बनाने के साधन के रूप में बच्चों की ताकत का उपयोग करने के लिए तैयार कर सकें।

विषय-सूची

देखो और बताओ

चित्र देखकर बताओ कि कौन क्या कर रहा है। क्या तुम भी अपने परिवार के साथ बाहर घूमने जाते हो? पार्क में हमें किन बातों का ध्यान रखना चाहिए?

शिक्षण संकेत

- चित्र पहचानने के लिए प्रेरित करें। बच्चों से पूछें कि उन्हें चित्र में क्या दिखाई दे रहा है?
- पार्क में कूड़ा कहाँ फेंकना चाहिए? स्वच्छता के महत्त्व तथा सही स्थान पर कचरा फेंकने के लाभ पर चर्चा करें।
- पार्क में अपने पालतू कुत्ते को बाँधना आवश्यक है। इस विषय पर बच्चों का ध्यान आकर्षित करें।
- इस गतिविधि से बच्चों की अवलोकन शक्ति तथा मौखिक अभिव्यक्ति बढ़ेगी।

देखो और समझो

चित्रों को ध्यान से देखो। चित्रों में क्या दिखाई दे रहा है?

सही चित्र पर (✓) निशान लगाओ–

1.  

2.  

शिक्षण संकेत

- गुब्बरों से बच्चों का प्राकृतिक रुझान होता है। इस विषय पर बच्चों से बातचीत करें तथा उन्हें अपनी बातों को रखने का अवसर दें। रंगो की पहचान करने में मदद करें।
- चित्र संबंधित प्रश्न पूछें– लड़का गुब्बारा लेकर कहाँ जा रहा है? उसके हाथ से गुब्बारे कैसे छूट गए, क्या लड़का खुश है, उसने किससे मदद माँगी?
- इस अभ्यास से बच्चों की वार्तालाप की क्षमता बढ़ती है। उन्हें तर्कसंगत विचार व्यक्त करनें का अवसर मिलता है।

कहो कहानी

चित्र देखकर कहानी कहो–

आओ रंग भरो

दिये गये रंग संकेत की मदद से चित्र में रंग भरो–

रंग संकेत

1 लाल   2 पीला   3 नीला   4 भूरा   5 हरा

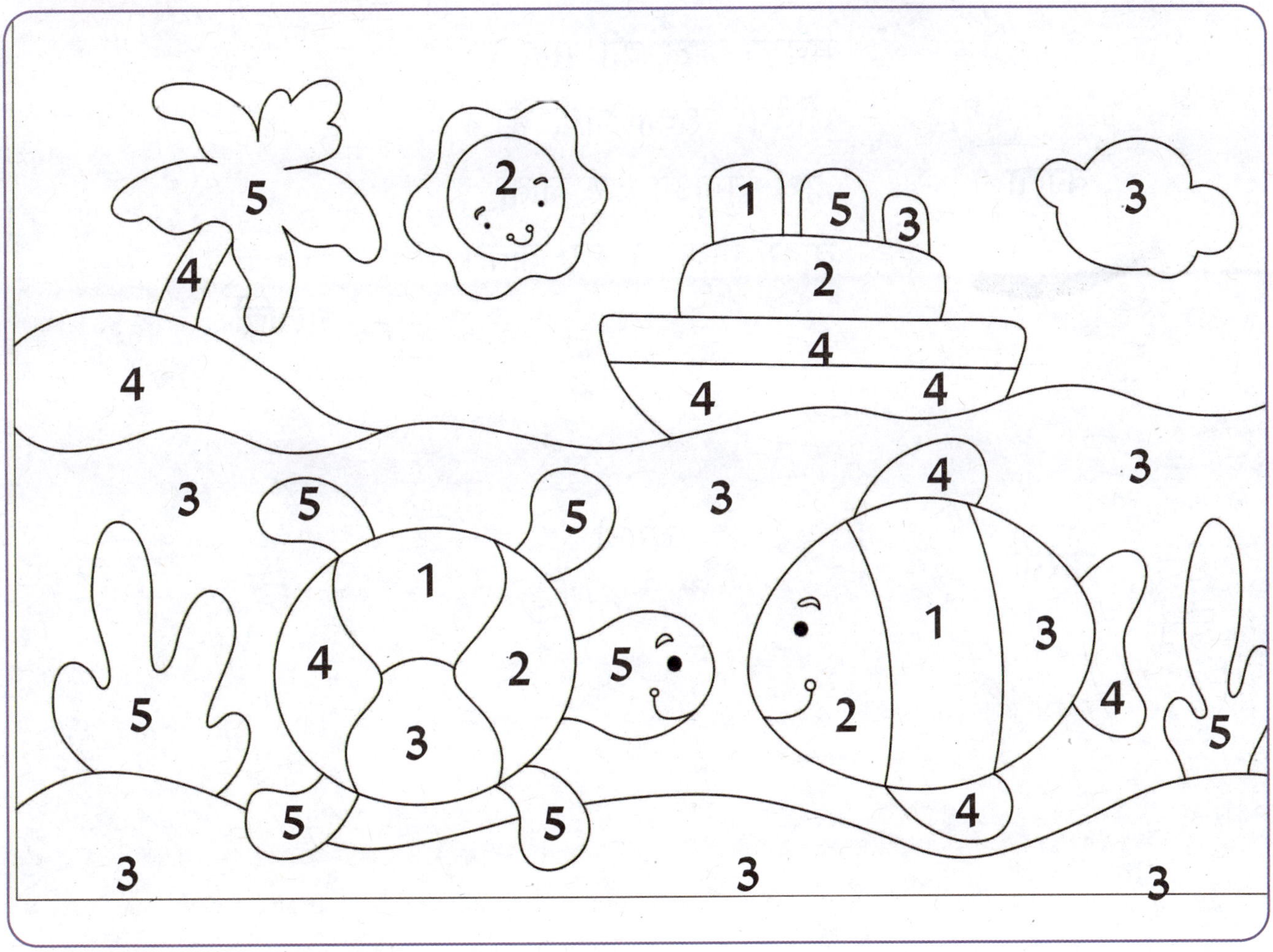

शिक्षण संकेत

- अध्यापिका बच्चों को रंग का ज्ञान करवाएँ।
- बच्चों को अक्षर लेखन में सहजता होगी।
- क्रेयॉन से रंगने का अभ्यास नियमित करवाएँ।

नीचे दिए गए चित्र में संकेत के आधार पर रंग भरो–

मछली जल की रानी है,
जीवन उसका पानी है।
हाथ लगाओ डर जाती,
बाहर निकालो मर जाती।

शिक्षण संकेत

- बच्चों को मछली की कविता लय से पढ़कर सुनाएँ। उनसे अभिनय के साथ गवाएँ।
- बच्चों को रंगों की पहचान करवाएँ और उनके नाम भी बताएँ।
- इस गतिविधि से रंगों का ज्ञान बढ़ेगा।
- चित्रकारी के लिए कई आकार दोहराने का अवसर मिलेगा।

हमारा भोजन

बिंदुओं को मिलाकर जानवरों को उनके भोजन के पास ले जाओ–

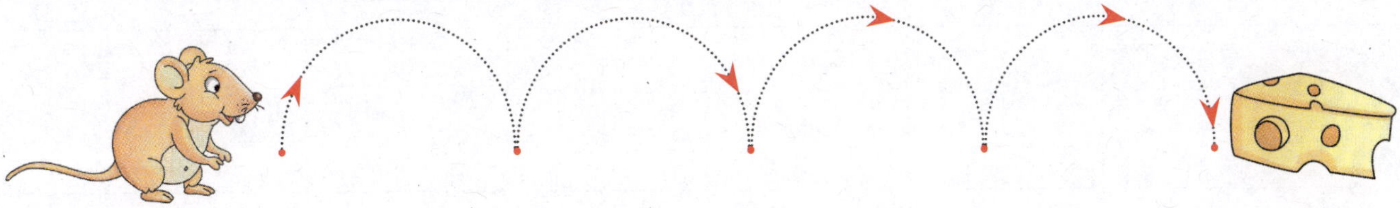

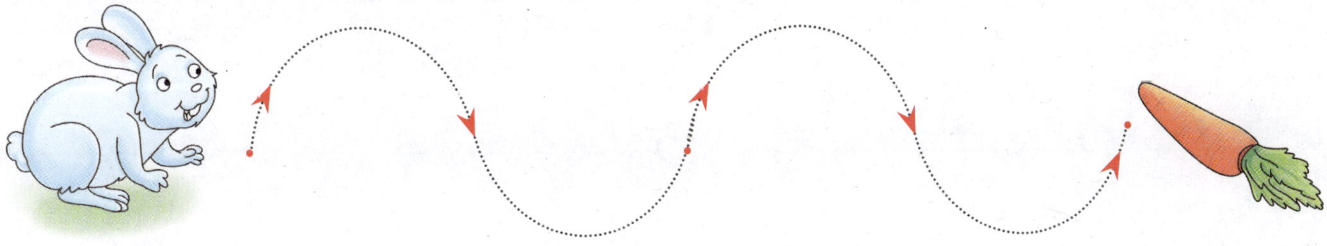

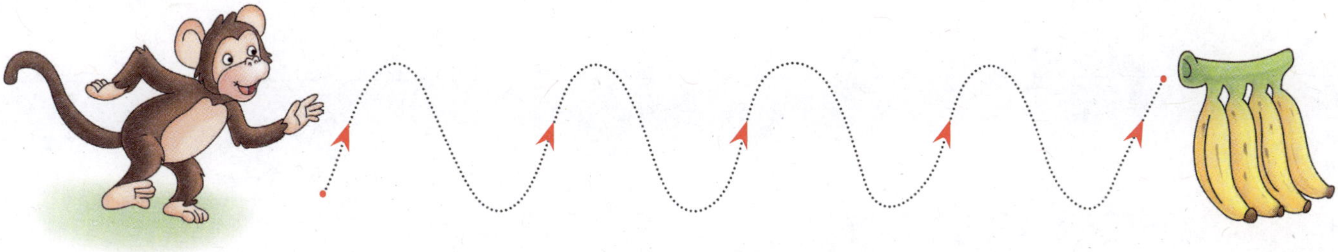

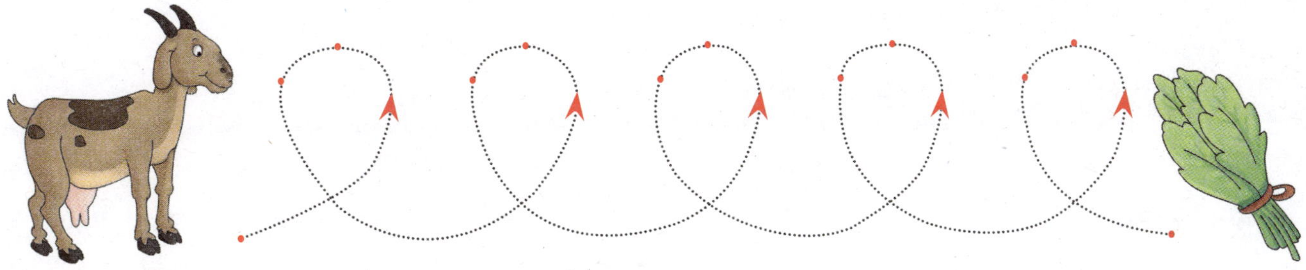

शिक्षण संकेत

- बच्चों से पूछें कि वे पालतू पशुओं के भोजन के बारे में क्या जानते हैं।
- अगर किसी बच्चे के पास पालतू जानवर है तो उनसे उसके बारे में बातचीत करें।

आओ लिखना सीखो

बिंदुओं को आपस में मिलाओ–

शिक्षण संकेत

- ये रेखायी अभ्यास वर्ण-लेखन के पूर्वाभ्यास के लिए है। इनका अभ्यास करवाएँ।
- बच्चों को अक्षर लेखन में सहजता होगी। आगे के पृष्ठों में ध्वनियों से परिचय करवाएँ और उच्चारण का अभ्यास भी करवाएँ।

स्वरः अ से ऋ तक

अनार

अजगर

बिंदुओं को आपस में मिलाओ और लिखो–

अ	अ	अ	अ	अ	अ

आम

आईना

बिंदुओं को आपस में मिलाओ और लिखो–

आ	आ	आ	आ	आ	आ

इमली

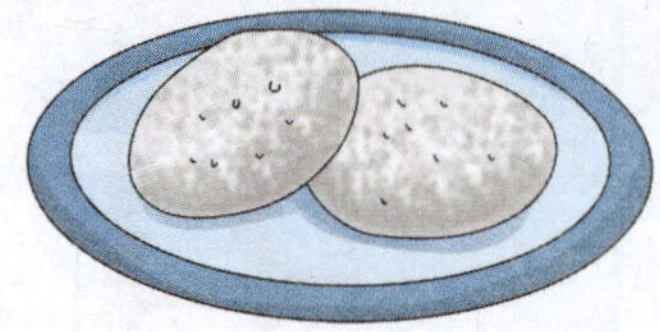

इडली

बिंदुओं को आपस में मिलाओ और लिखो–

इ	इ	इ	इ	इ	इ

ईख

ईदगाह

बिंदुओं को आपस में मिलाओ और लिखो–

ई	ई	ई	ई	ई	ई

उपहार

उल्लू

बिंदुओं को आपस में मिलाओ और लिखो–

उ	उ	उ	उ	उ	उ

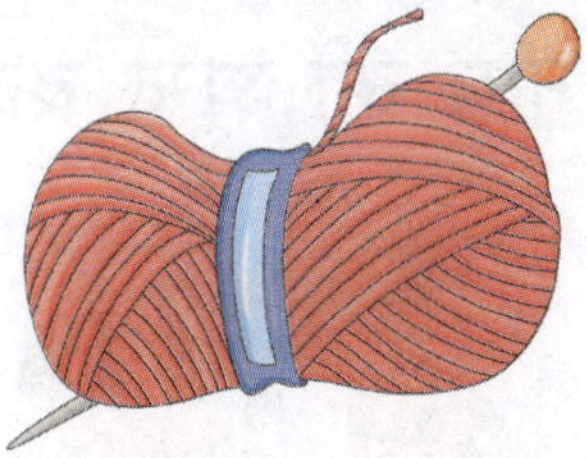

ऊन

ऊदबिलाव

बिंदुओं को आपस में मिलाओ और लिखो–

ऊ	ऊ	ऊ	ऊ	ऊ	ऊ

ऋषि

ऋग्वेद

बिंदुओं को आपस में मिलाओ और लिखो–

ऋ	ऋ	ऋ	ऋ	ऋ	ऋ

सोचो और करो

जानवरों को पहचानो। उनके नाम की शुरू की आवाज़ लिखो–

खाली स्थान भरो–

अ		इ		उ		ऋ

स्वर: ए से अः तक

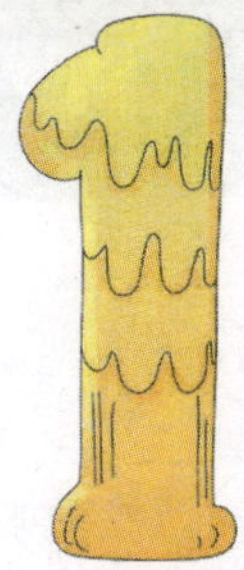

एक

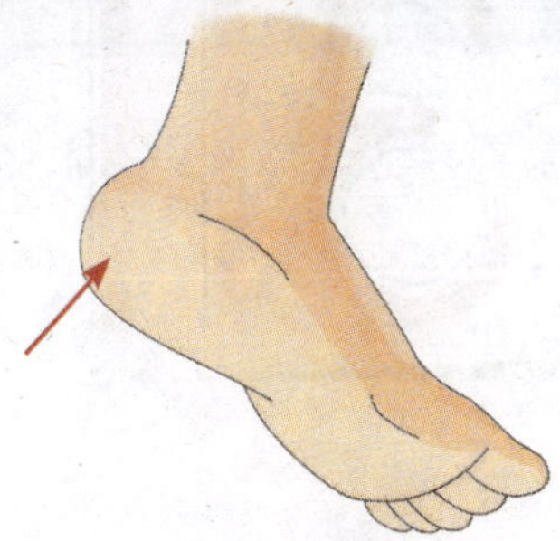

एड़ी

बिंदुओं को आपस में मिलाओ और लिखो–

ए	ए	ए	ए	ए	ए

ऐनक

ऐरावत

बिंदुओं को आपस में मिलाओ और लिखो–

ऐ	ऐ	ऐ	ऐ	ऐ	ऐ

ओस

ओढ़नी

बिंदुओं को आपस में मिलाओ और लिखो–

ओ	ओ	ओ	ओ	ओ	ओ

औरत

औज़ार

बिंदुओं को आपस में मिलाओ और लिखो–

औ	औ	औ	औ	औ	औ

अंगूर

अंडा

बिंदुओं को आपस में मिलाओ और लिखो–

अं	अं	अं	अं	अं	अं

नमः

प्रातः

बिंदुओं को आपस में मिलाओ और लिखो–

अः	अः	अः	अः	अः	अः

सोचो और करो

सही चित्र पर गोला (◯) बनाओ–

अक्षरों को ध्यान से देखो। क्या ये क्रम में हैं? यदि नहीं तो अक्षरों को सही क्रम में लिखो–

इ	ऊ	आ	ओ	अः	औ	ई	ए	अं	ऐ	अ	ऋ	उ

आओ पढ़ो

आओ गीत गाओ

अ से  आ से 

पढ़ना लिखना है हमारा काम।

इ से  ई से 

सब मिलकर खाँए, यह है सीख

उ से  ऊ से 

रंग-बिरंगे हैं बैलून।

ऋ से ऋषि  ऋ से ऋगवेद 

कभी न करो सबमें भेद।

ए से 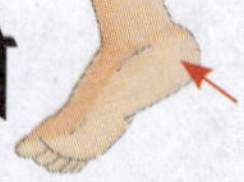 ऐ से 

देखो चश्मा पहने मेंढक।

ओ से  औ से 

अं से  खाता भरत।

आओ लिखो

अब लिखकर देखो–

अ	आ	इ	ई	उ	ऊ	ऋ
अ	आ	इ	ई	उ	ऊ	ऋ

ए	ऐ	ओ	औ	अं	अः
ए	ऐ	ओ	औ	अं	अः

चित्र पहचानकर चक्र में दिए गए स्वरों को उनकी पहली आवाज़ से मिलाओ। फिर स्वरों को सही क्रम में लिखो–

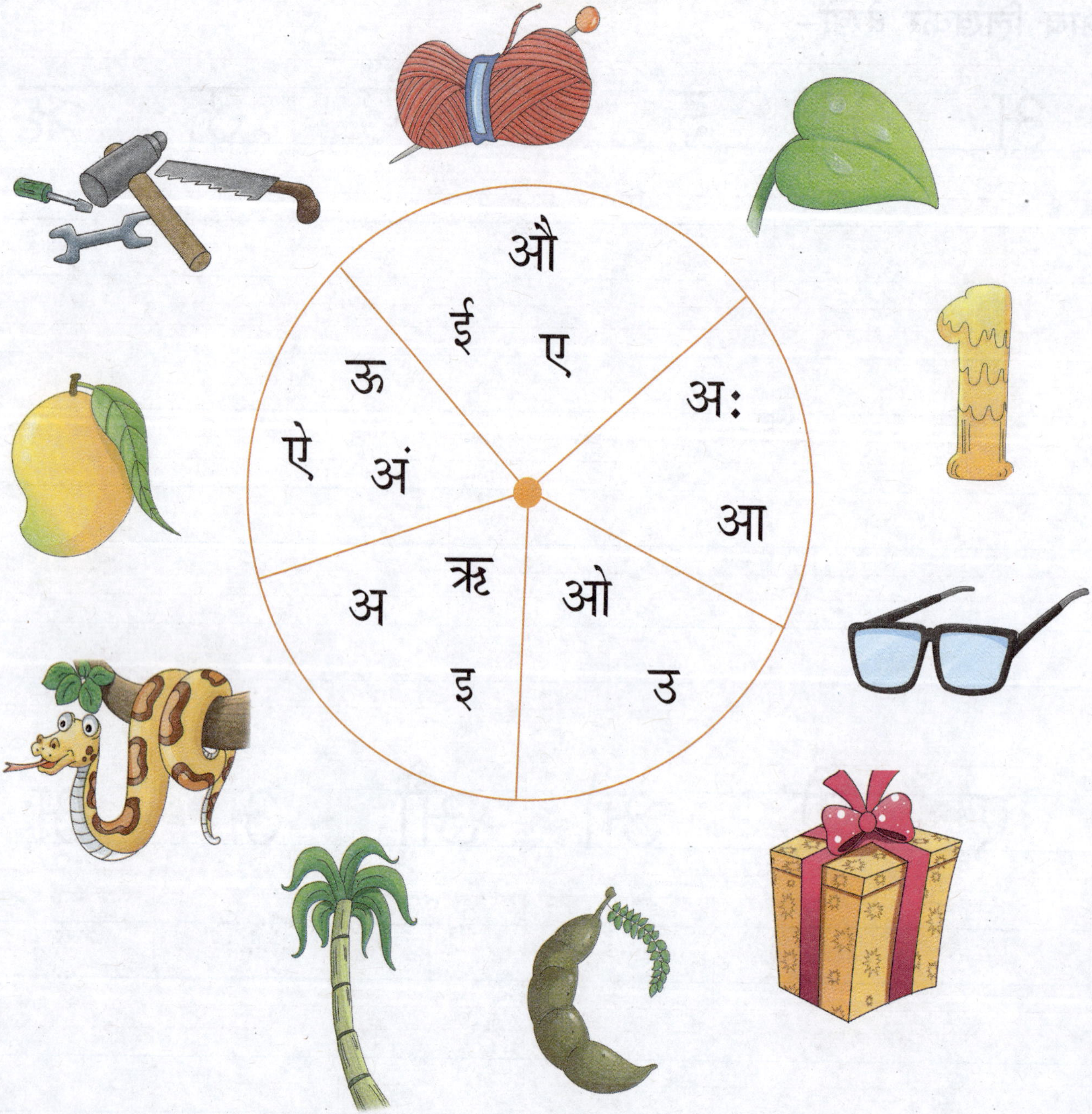

सोचो और करो

भिन्न चित्र में रंग भरो–

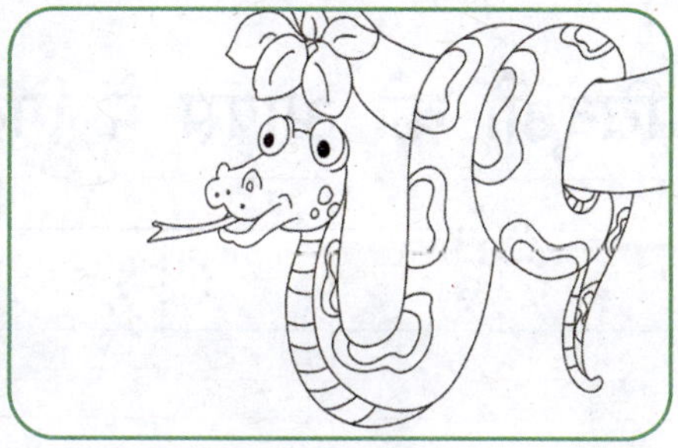

मौखिक–बताओ तो जानें–

अ से किसी मित्र/परिवार के सदस्य का नाम जैसे–अमन

आ से किसी एक सब्जी का नाम।

इ से मिठाई का नाम।

ई से त्योहार का नाम।

व्यंजन: क से ङ तक

कमल

कछुआ

बिंदुओं को आपस में मिलाओ और लिखो–

क	क	क	क	क	क

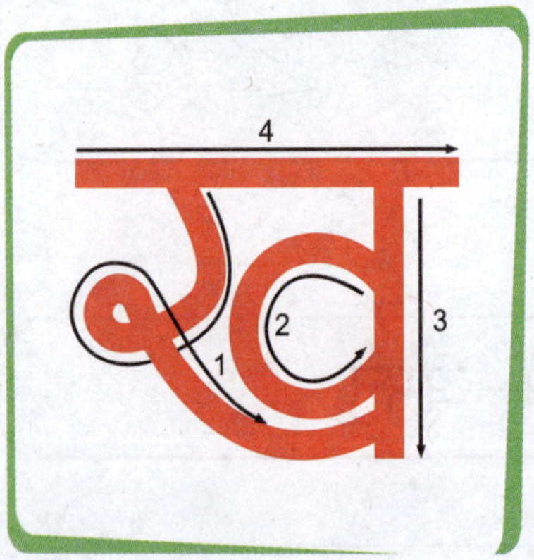

खरबूजा

खरगोश

बिंदुओं को आपस में मिलाओ और लिखो–

ख	ख	ख	ख	ख	ख

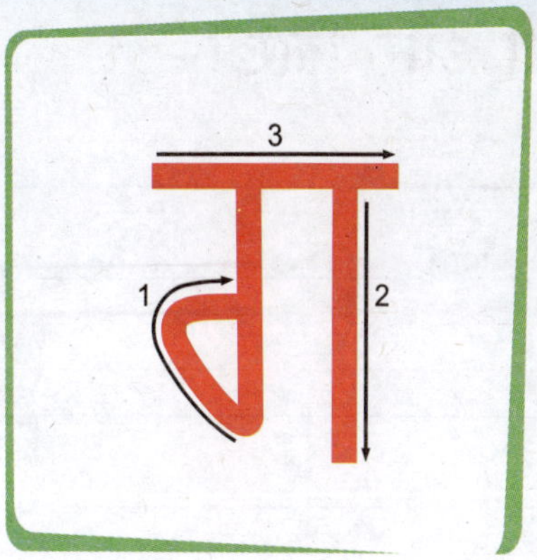

गधा

गमला

बिंदुओं को आपस में मिलाओ और लिखो–

ग	ग	ग	ग	ग	ग

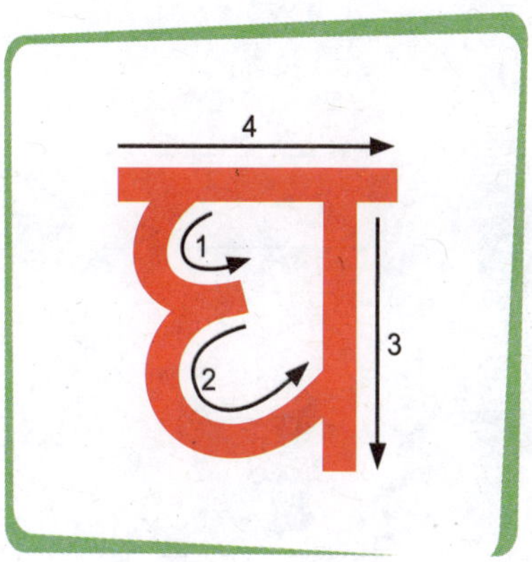

घर

घड़ा

बिंदुओं को आपस में मिलाओ और लिखो–

घ	घ	घ	घ	घ	घ

बिंदुओं को आपस में मिलाओ और लिखो–

ङ	ङ	ङ	ङ

चित्र के नाम की आखिरी आवाज़ लिखो–

बोलो और लिखो–

क	ख	ग	घ	ङ

कहानी सुनाओ

चित्रों को ध्यान से देखकर 'घायल चिड़िया' की कहानी सुनाओ–

शिक्षण संकेत

- चित्रकथा विधा से छात्रों को परिचित करवाएँ। प्रत्येक चित्र के बारे में बात करें। फिर कहानी विस्तारपूर्वक समझाएँ। बीच-बीच में छोटे-छोटे प्रश्न पूछें तथा कहानी से मिलने वाली शिक्षा तथा मूल्य भी उन्हें बताएँ।
- पक्षियों के लिए प्रेम जागृत करना, उनकी देखभाल करना तथा पिंजरे में कैद न करने की सीख दें।
- इस गतिविधि से बच्चों की अवलोकन शक्ति तथा मौखिक अभिव्यक्ति बढ़ेगी।
- छात्रों के चिंतन में स्पष्टता और क्रमबद्धता उत्पन्न होगी।

व्यंजन: च से ञ तक

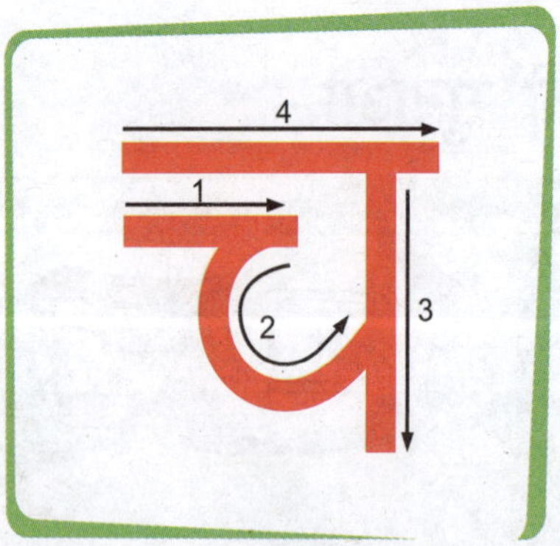

चरखा

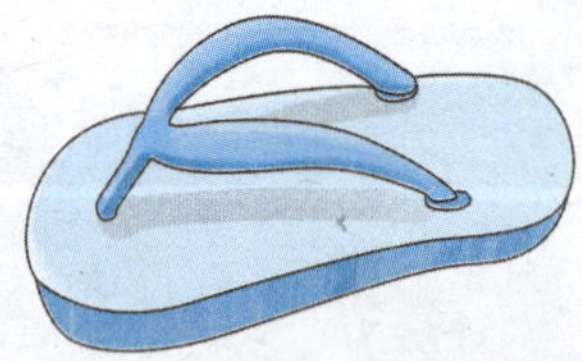

चप्पल

बिंदुओं को आपस में मिलाओ और लिखो–

च	च	च	च	च	च

छड़ी

छतरी

बिंदुओं को आपस में मिलाओ और लिखो–

छ	छ	छ	छ	छ	छ

जग

जलेबी

बिंदुओं को आपस में मिलाओ और लिखो–

ज	ज	ज	ज	ज	ज

झरना

झंडा

बिंदुओं को आपस में मिलाओ और लिखो–

झ	झ	झ	झ	झ	झ

बिंदुओं को आपस में मिलाओ और लिखो–

अ	अ	अ	अ

सोचो और करो

चित्र के नाम की पहली आवाज़ लिखो–

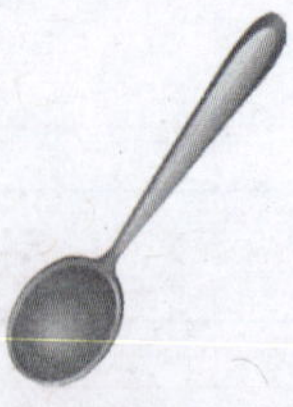

चिड़िया

सुबह सवेरे आती चिड़िया,

आकर हमें जगाती चिड़िया।

चीं-चीं, चूँ-चूँ गाती चिड़िया,

आलस नहीं दिखाती चिड़िया।

छोटी-सी है फिर भी हमको,

बातें कई सिखाती चिड़िया।

रखो ध्यान सदा समय का,

ऐसा पाठ पढ़ाती चिड़िया।

शिक्षण संकेत

- अध्यापक कविता अभिनय सहित गाकर सुनाएँ।
- बच्चे कविता का आनंद लेकर उसे याद कर सकेंगे।

व्यंजन: ट से ण तक

टब

टमाटर

बिंदुओं को आपस में मिलाओ और लिखो–

ट	ट	ट	ट	ट	ट

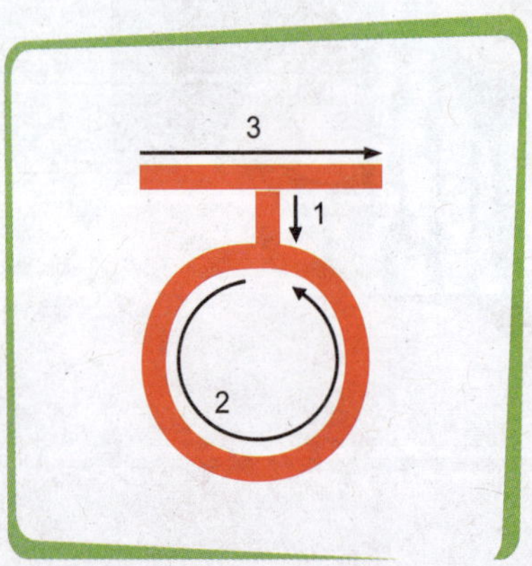

ठक-ठक

ठठेरा

बिंदुओं को आपस में मिलाओ और लिखो–

ठ	ठ	ठ	ठ	ठ	ठ

डमरू

डलिया

बिंदुओं को आपस में मिलाओ और लिखो–

ड	ड	ड	ड	ड	ड

ढक्कन

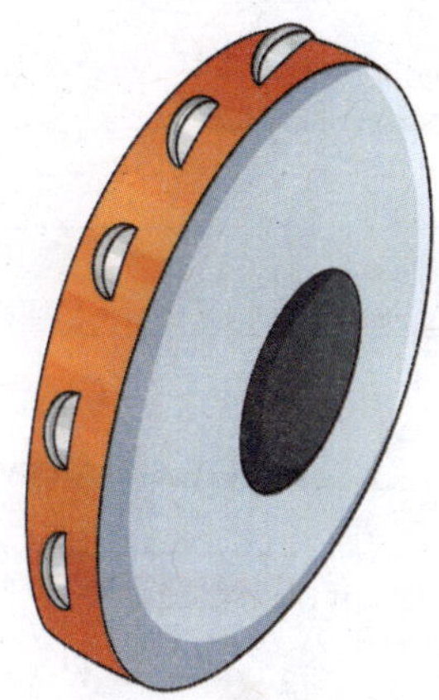

ढपली

बिंदुओं को आपस में मिलाओ और लिखो–

ढ	ढ	ढ	ढ	ढ	ढ

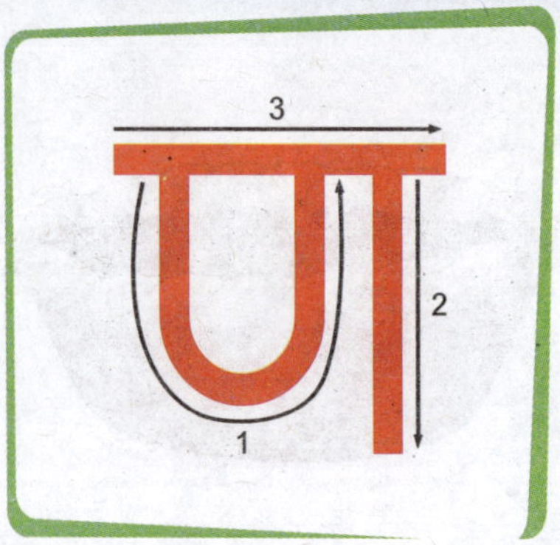

बिंदुओं को आपस में मिलाओ और लिखो–

ण ण ण ण

यह भी जानो–

बिंदुओं को आपस में मिलाओ और लिखो–

ड़ ड़ ड़ ड़

बिंदुओं को आपस में मिलाओ और लिखो–

ढ़ ढ़ ढ़ ढ़

शिक्षण संकेत

- ड़ और ढ़ का अंतर समझाइए। ड़ और ढ़ हिंदी की अपनी ध्वनियाँ हैं। ये वर्ण शब्द के शुरू में नहीं आते।

सोचो और करो

चित्र पहचानकर नाम और वर्ण बोलो। चित्र में रंग भरो और रिक्त स्थान में सही अक्षर लिखो–

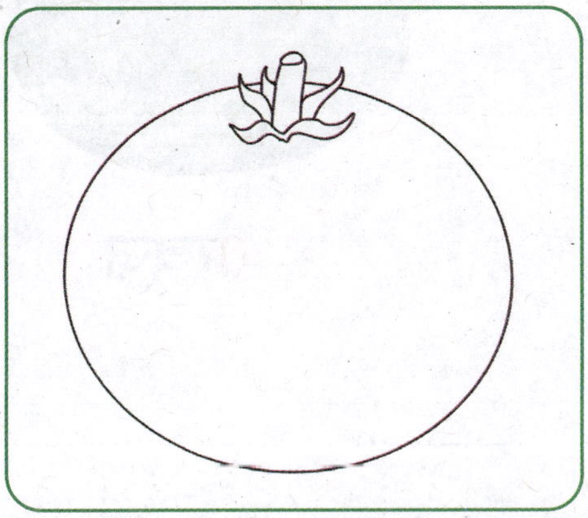

____मा____र

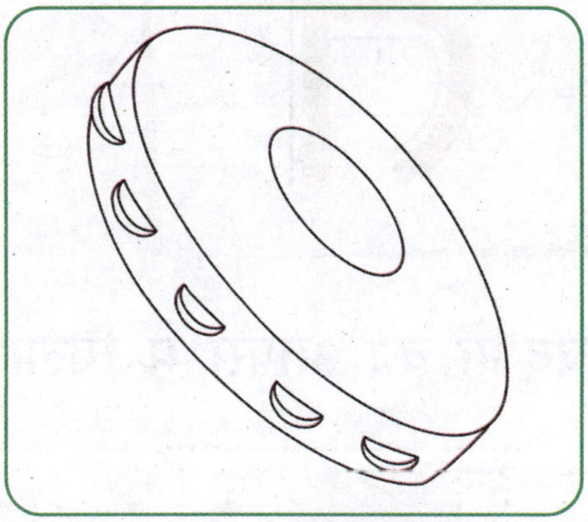

____पली

____मरू

____ब

चित्र के नाम बोलो–

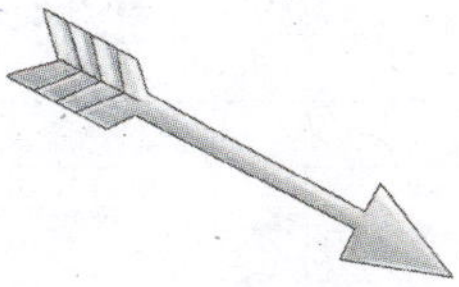

बाण

कड़ा

पढ़ना

व्यंजन: त से न तक

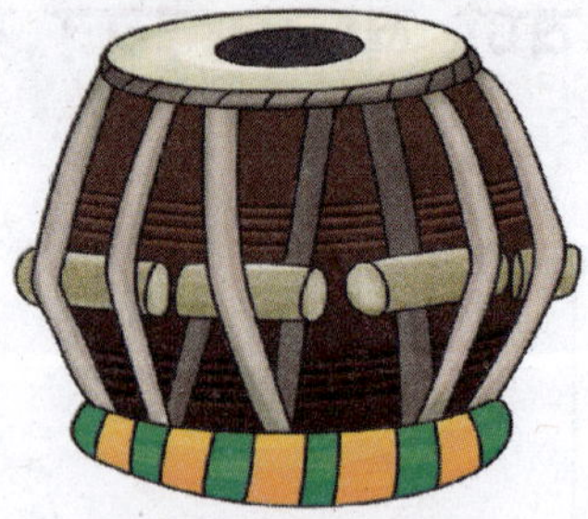

तबला

तरबूज़

बिंदुओं को आपस में मिलाओ और लिखो–

त	त	त	त	त	त

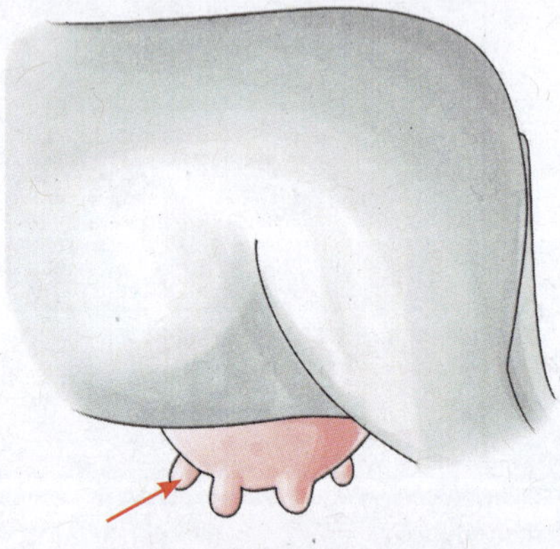

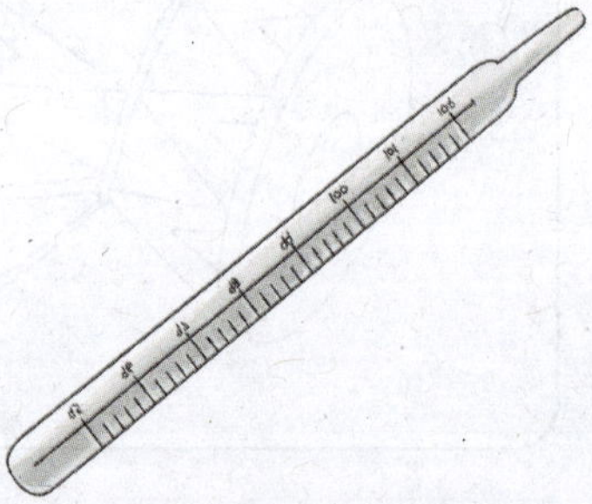

थन

थरमामीटर

बिंदुओं को आपस में मिलाओ और लिखो–

थ	थ	थ	थ	थ	थ

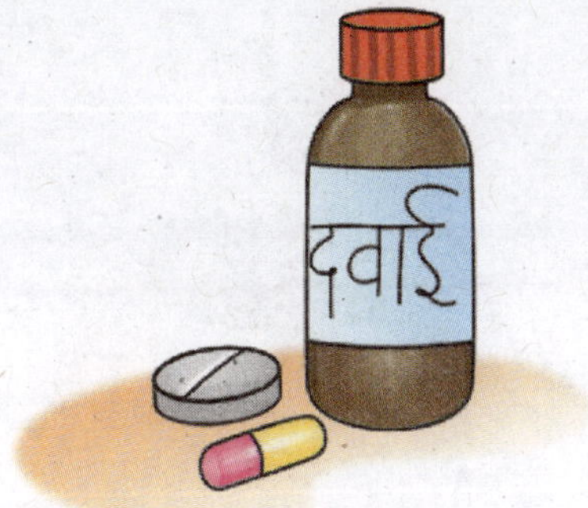

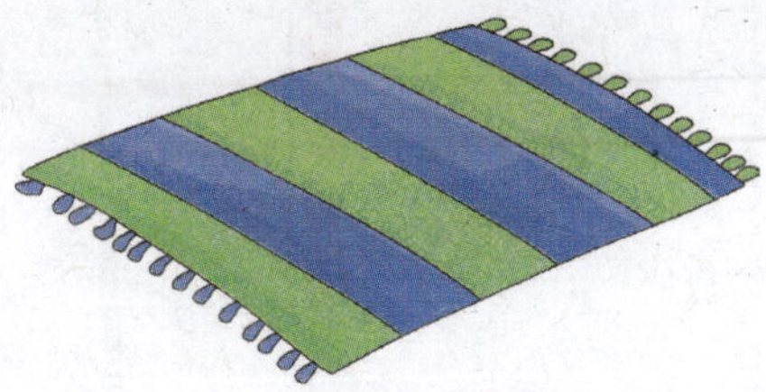

दवाई   दरी

बिंदुओं को आपस में मिलाओ और लिखो–

द	द	द	द	द	द

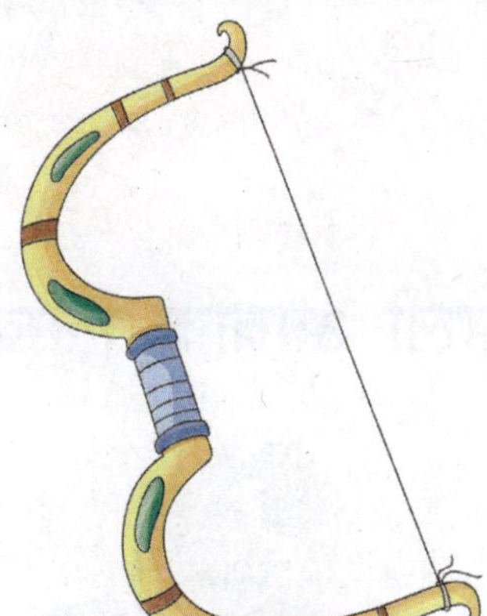

धनुष   धन

बिंदुओं को आपस में मिलाओ और लिखो–

ध	ध	ध	ध	ध	ध

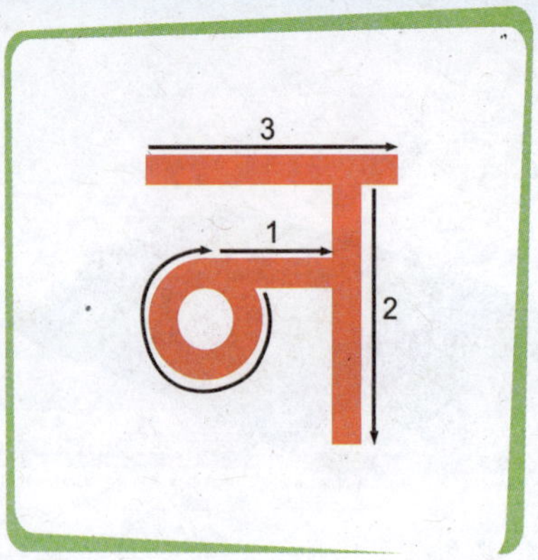

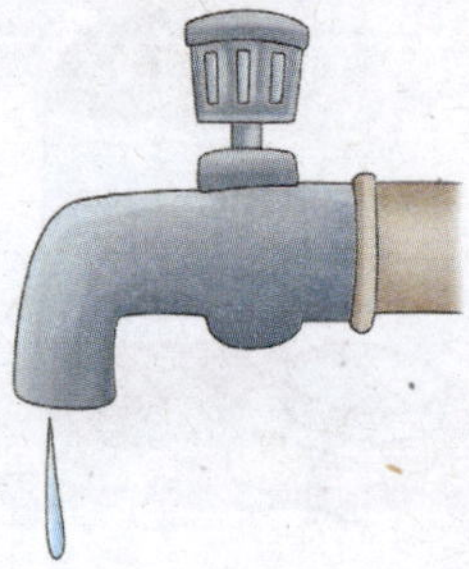

नल

नहर

बिंदुओं को आपस में मिलाओ और लिखो–

न	न	न	न	न	न

चित्र पहचानो और उनकी पहली आवाज़ लिखो–

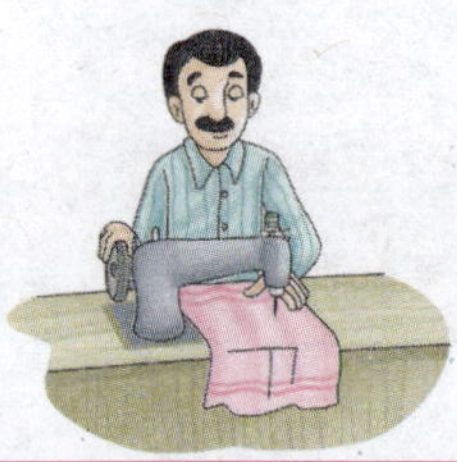

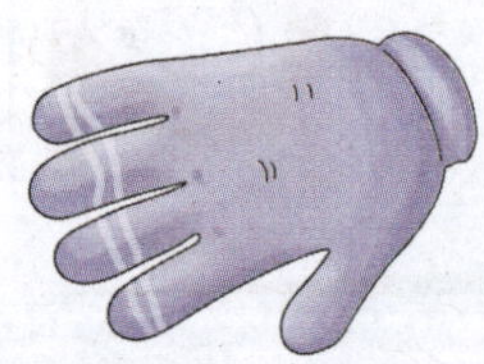

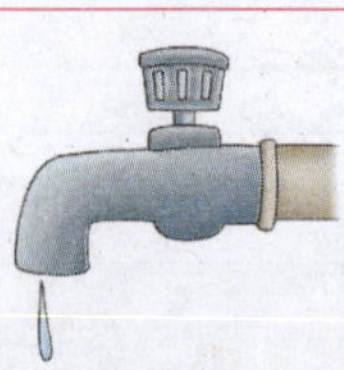

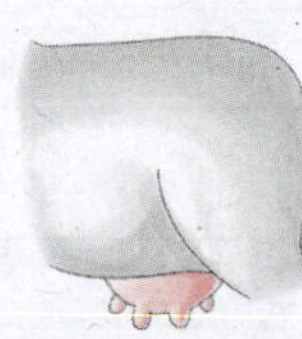

तितली

तितली कितने रंगों वाली,
हरी-गुलाबी, नीली-काली।
डाल-डाल पर, फूल-फूल पर,
घूम रही होकर मतवाली।
मगर पकड़ने जब मैं जाऊँ,
उड़ जाती है बड़ी निराली।
तितली कितने रंगों वाली।।

एक समान दिखने वाली तितलियों को ढूँढ़ो और गोला (◯) लगाओ-

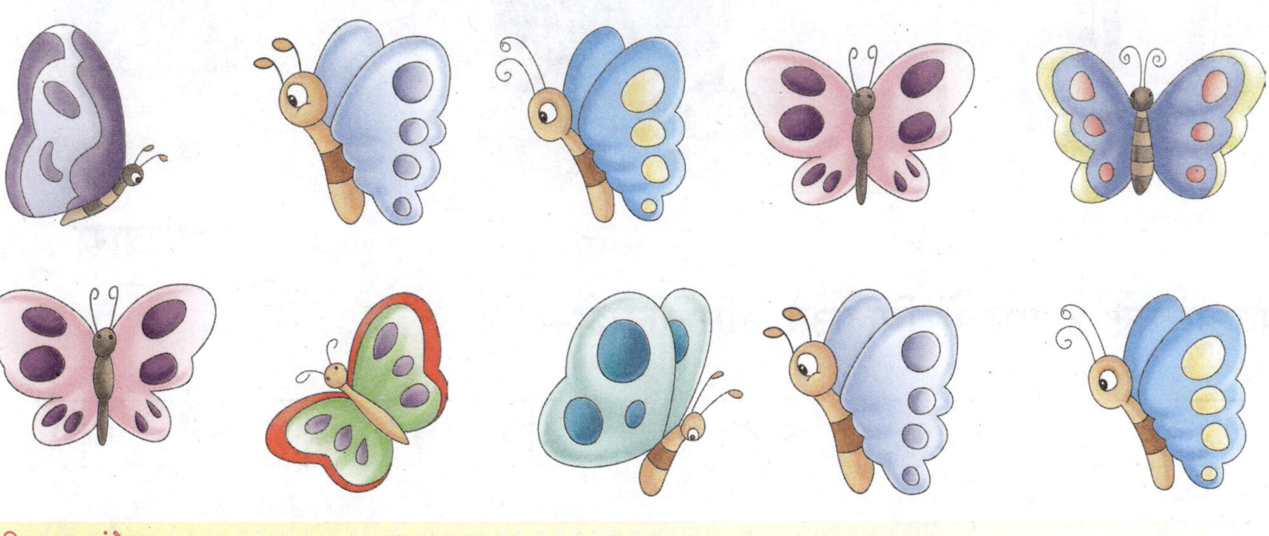

शिक्षण संकेत

- कविता लय और अभिनय के साथ बच्चों को सुनाएँ।
- इस तरह की गतिविधियों से अवलोकन क्षमता का विकास होता है।

व्यंजन: प से म तक

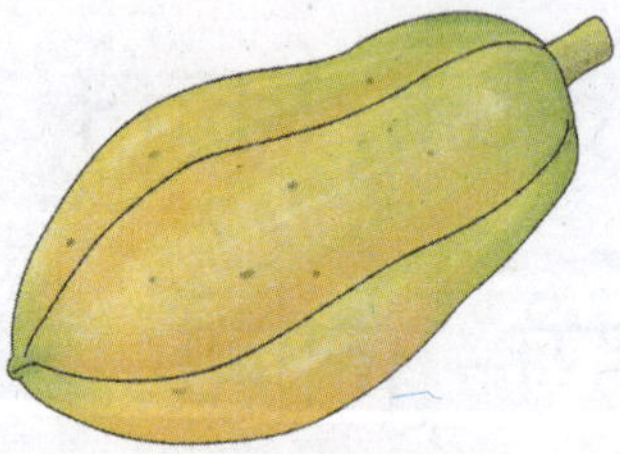

पतंग

पपीता

बिंदुओं को आपस में मिलाओ और लिखो–

प	प	प	प	प	प

फल

फव्वारा

बिंदुओं को आपस में मिलाओ और लिखो–

फ	फ	फ	फ	फ	फ

बस   **ब**करी

बिंदुओं को आपस में मिलाओ और लिखो–

ब ब ब ब ब ब

भवन   **भ**टूरा

बिंदुओं को आपस में मिलाओ और लिखो–

भ भ भ भ भ भ

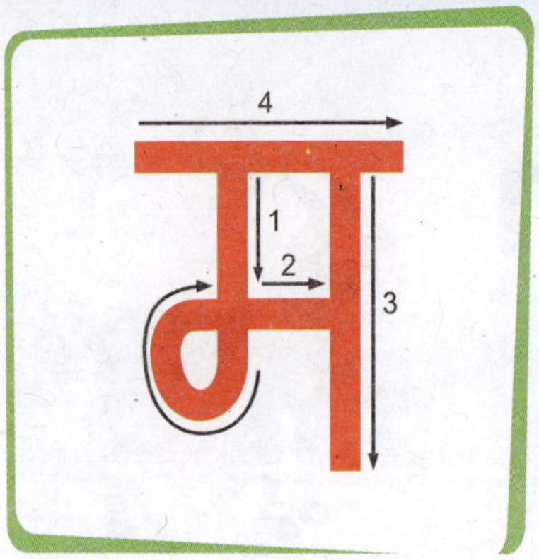

मटर

मगर

बिंदुओं को आपस में मिलाओ और लिखो–

म	म	म	म	म	म

चित्रों के नाम लिखो–

भवन

बस

मटर

फल

आलू का परांठा

देख परांठा आलू का,
मन ललचाया भालू का।

बोला, हम भी खाएँगे,
कुछ घर पर ले जाएँगे।

कहे लोमड़ी, ना-ना-ना,
ये घर पर ले जाना ना।

इतने सेंक न पाऊँगी,
खुद भूखी रह जाऊँगी।

शिक्षण संकेत

- इस रोचक कविता को बच्चों को सुनाएँ।
- फिर कविता का बच्चों से अभिनय करवाएँ।
- बच्चों से इस पाठ के संदर्भ में नीति की बात करें। जैसे–
  - अगर कक्षा में कोई अपना टिफ़िन नहीं लाया तो आप क्या करेंगे?
  - क्या हमें खाना बर्बाद करना चाहिए?
- बच्चे अपने साथ बैठे मित्र से चर्चा करें कि उन्हें आलू के परांठे पसन्द हैं या नहीं? इस अभ्यास से बच्चों की मौखिक अभिव्यक्ति का विकास होगा।

एक बार और

पढ़ो और लिखो–

क	ख	ग	घ	ङ
च	छ	ज	झ	ञ
ट	ठ	ड	ढ	ण
त	थ	द	ध	न
प	फ	ब	भ	म

चित्र देखकर पहला तथा आखिरी अक्षर लिखो–

व्यंजनः य से व तक

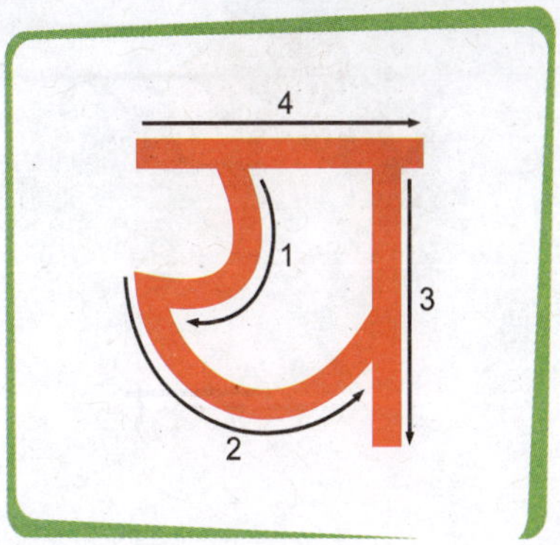

यज्ञ यन्त्र

बिंदुओं को आपस में मिलाओ और लिखो–

य	य	य	य	य	य

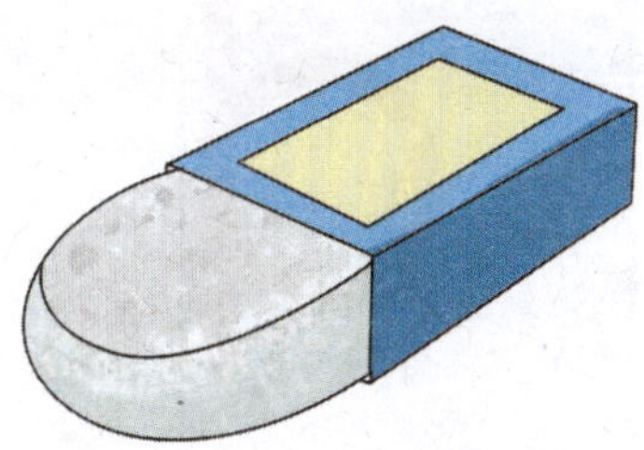

रस्सी रबर

बिंदुओं को आपस में मिलाओ और लिखो–

र	र	र	र	र	र

लड्डू

लड़का

बिंदुओं को आपस में मिलाओ और लिखो–

ल	ल	ल	ल	ल	ल

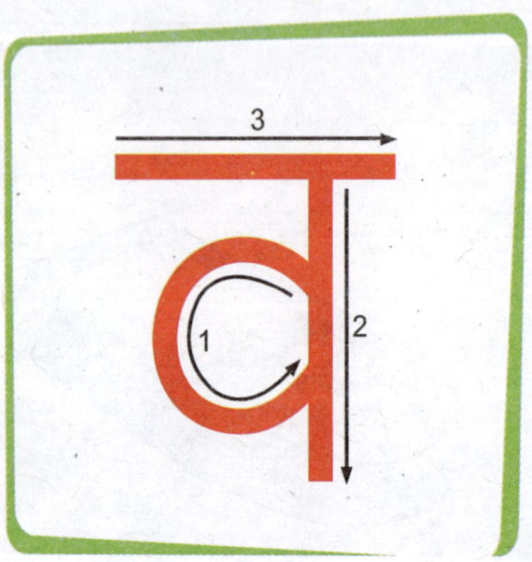

वक

वर्षा

बिंदुओं को आपस में मिलाओ और लिखो–

व	व	व	व	व	व

देखो और बताओ

चित्र देखो और उनके नाम बताओ। उनके नाम का पहला या आखिरी अक्षर लिखकर पूरा करो। बताओ कि ये वाहन कहाँ-कहाँ चलते हैं।

........स

........ाड़ी

ि........क्शा

स्कूट........

ट्........

........ाइकिल

ना........

........हाज

........ेलगाड़ी

........वाई ....हाज

शिक्षण संकेत

- सर्वप्रथम बच्चों को वाहनों (vehicles) के चित्र दिखाकर पूछें कि वे स्कूल कैसे आते हैं।
- हर चित्र का नाम बुलवाकर पूछें कि यह वाहन कहाँ चलता है।

व्यंजन: श से ह तक

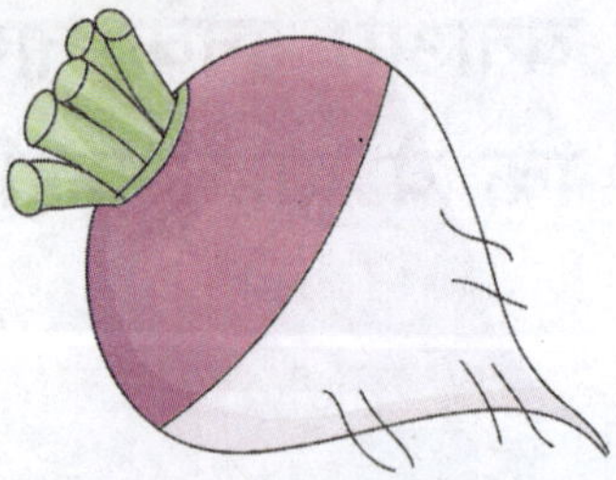

शलगम

शहद

बिंदुओं को आपस में मिलाओ और लिखो–

श	श	श	श	श	श

षटकोण

षट

बिंदुओं को आपस में मिलाओ और लिखो–

ष	ष	ष	ष	ष	ष

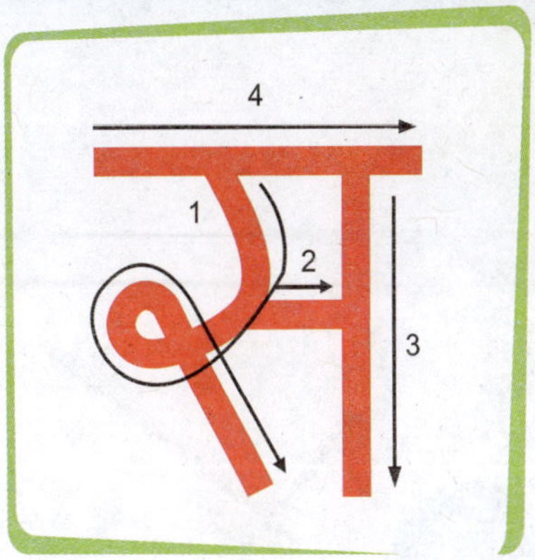

सड़क

सब्ज़ी

बिंदुओं को आपस में मिलाओ और लिखो–

स	स	स	स	स	स

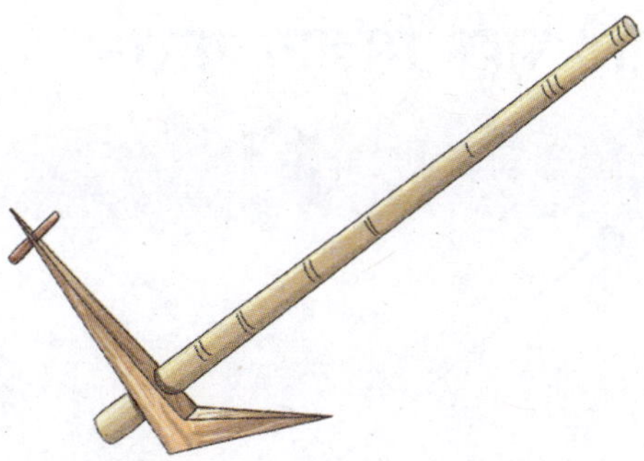

हल

हथौड़ा

बिंदुओं को आपस में मिलाओ और लिखो–

ह	ह	ह	ह	ह	ह

सोचो और करो

वर्णों को सही चित्रों से मिलाओ–

किसके साथ क्या जाएगा? सही मिलान करो–

संयुक्त व्यंजनः क्ष से श्र तक

क्षत्रिय

बिंदुओं को आपस में मिलाओ और लिखो–

क्ष	क्ष	क्ष	क्ष	क्ष	क्ष

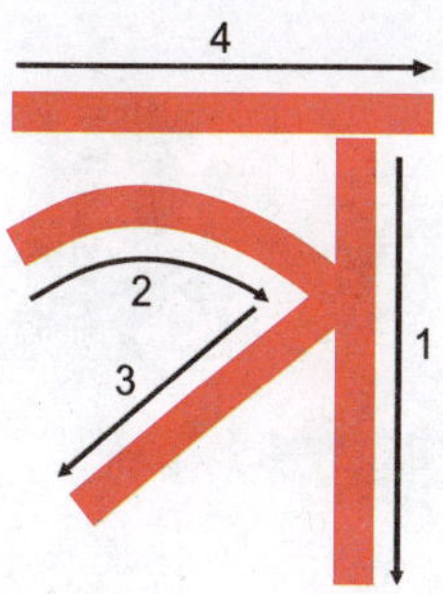

पत्र

छात्र

बिंदुओं को आपस में मिलाओ और लिखो–

त्र	त्र	त्र	त्र	त्र	त्र

ज्ञानी

बिंदुओं को आपस में मिलाओ और लिखो–

ज्ञ	ज्ञ	ज्ञ	ज्ञ	ज्ञ	ज्ञ

श्रमिक

विश्राम

बिंदुओं को आपस में मिलाओ और लिखो–

श्र	श्र	श्र	श्र	श्र	श्र

सोचो और करो

चित्र पहचानो और सही वर्ण पर गोला (○) लगाओ–

क्ष | त्र | श्र

क्ष | श्र | ज्ञ

ज्ञ | श्र | त्र

ज्ञ | त्र | क्ष

बिंदुओं को आपस में मिलाओ–

क्ष	त्र	ज्ञ	श्र

हमारे सहायक

किसे किसकी ज़रूरत है? हमारे सहायकों को जिन वस्तुओं की ज़रूरत नहीं होती, उन पर गोला (◯) लगाओ–

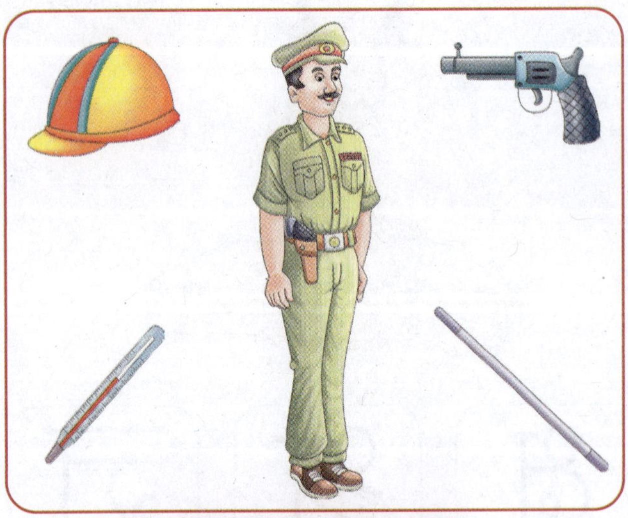

पुलिसवाला

नाई

शिक्षक

मोची

शिक्षण संकेत

- बच्चों को इन सहायकों (our helpers) से अवगत कराएँ।
- कक्षा में दो-दो बच्चों से इन सहायकों का अभिनय करवाएँ।
- सहायक और उनकी उपयोगी वस्तुओं के बारे में बताएँ।

दो वर्णों वाले शब्द

जोड़कर पढ़ो–

ट+ब	न+ल	ब+स
टब	नल	बस

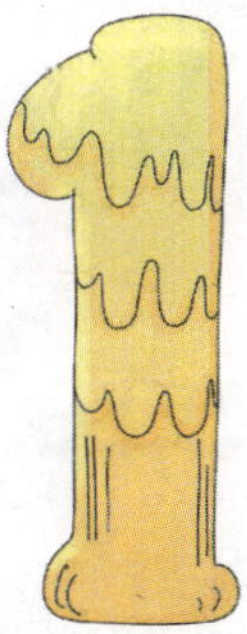

ज+ग	ए+क	घ+र
जग	एक	घर

पढ़ो और बोलो–

अब	जब	कर	घर	जल	सब
कब	तब	फल	नथ	नर	पग
चल	रह	झट	डर	दस	वह

बिंदुओं को आपस में मिलाओ–

दस	रथ	नथ	खत	छत

तीन वर्णों वाले शब्द

जोड़कर पढ़ो–

भ+व+न

भवन

श+ह+द

शहद

क+ल+श

कलश

म+ट+र

मटर

क+म+ल

कमल

ब+त+ख

बतख

पढ़ो और बोलो–

पलक	कमल	सरल	लहर	शहर	चमक
महक	नरम	बहन	नहर	लपक	महल
सड़क	गरम	नयन	डगर	पकड़	चरण

बिंदुओं को आपस में मिलाओ–

कलम	नमक	मटर	बटन

चार वर्णों वाले शब्द

जोड़कर पढ़ो–

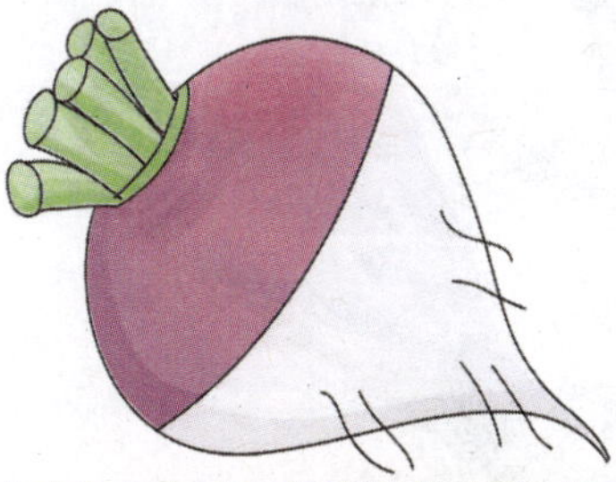

श+ल+ग+म

शलगम

थ+र+म+स

थरमस

ब+र+ग+द

बरगद

अ+ज+ग+र

अजगर

अ+च+क+न

अचकन

ब+र+त+न

बरतन

पढ़ो और बोलो–

नटखट	टमटम	कटहल	करवट	कतरन	शलगम
दमकल	पनघट	बचपन	मलमल	झटपट	अचकन
सरगम	सरकस	खटमल	जगमग	सरपट	पचपन

बिंदुओं को आपस में मिलाओ–

हलचल	अनपढ़	सरगम	तरकश

आओ पढ़ो

नीचे दिए वाक्यों को पढ़ो–

पथ पर चल।

यह फल चख।

बस पर चढ़।

छत पर मत चढ़।

कनक कलश पकड़।

शहद चख।

इधर उधर मत टहल,

मदन खबर पढ़।

पवन इधर आ।

भवन तक चल।

शिक्षण संकेत

- बच्चों को अमात्रिक शब्दों और उनसे बने वाक्यों से परिचित करवाएँ।
- अक्षरों के उच्चारण पर विशेष ध्यान दें।

नटवर झटपट कसरत कर।

दशरथ तरकश पकड़।

रमन मलहम रगड़,
नटखट मत बन।

अकबर झटपट अचकन पहन।

बरगद पर मत चढ़।

एक बार और

देखो, पहचानो और नाम पूरे करो–

म ...... ह ......

ब ...... ग ......

त ...... क ......

क ...... र ......

दिए गए वर्ण से दो, तीन और चार वर्णों वाले शब्द लिखो–
(पृष्ठ संख्या– 57, 58, 59 की मदद ले सकते हैं)

ब									
स									
प									
क									
न									

गिनती सीखो

1	1	१
2	2	२
3	3	३
4	4	४
5	5	५
6	6	६
7	7	७
8	8	८
9	9	९
10	10	१०

शिक्षण संकेत

- बच्चों के साथ फूल गिनकर उन्हें गिनती सिखाएँ।
- कक्षा में रखी हुई अन्य चीज़ों को गिनकर गिनती बोलने का खेल खेलें।

देखो और बताओ

गिनकर लिखो–

लड़के	लड़कियाँ	पक्षी	सूरज	पतंग	पेड़
				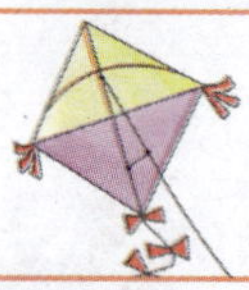	

शिक्षण संकेत

- चित्र पहचानने के लिए प्रेरित करें। बच्चों से पूछें कि उन्हें चित्र में क्या दिखाई दे रहा है।
- इस गतिविधि से बच्चों की अवलोकन शक्ति तथा मौखिक अभिव्यक्ति बढ़ेगी।

गाना गाओ, लिखते जाओ

एक है सूरज १ भगवान

पढ़ना लिखना हैं २ काम।

पहिये ३ स्कूटर के

अंडे ४ कबूतर के।

५ अँगुलियाँ हाथ में

आता मज़ा साथ में।

६ लड़कियाँ बोलीं वाह!

७ दिनों का होता है सप्ताह।

८ दिन की छुट्टी के बाद,

९ बच्चों को ले आई बस।

एक के आगे लगे ० तो पूरा

बन जाए १०।

वर्णमाला

बोलकर पढ़ो–

स्वर

अ	आ	इ	ई	उ
ऊ	ऋ	ए	ऐ	ओ
औ	अं	अः		

व्यंजन

क	ख	ग	घ	ङ
च	छ	ज	झ	ञ
ट	ठ	ड	ढ	ण
ड़	ढ़			
त	थ	द	ध	न
प	फ	ब	भ	म
य	र	ल	व	
श	ष	स	ह	

संयुक्त व्यंजन

क्ष	त्र	ज्ञ	श्र

एक बार और

पढ़ो और लिखो–

स्वर

अ	आ	इ	ई	उ
ऊ	ऋ	ए	ऐ	ओ
	औ	अं	अः	

व्यंजन

क	ख	ग	घ	ङ
च	छ	ज	झ	ञ
ट	ठ	ड	ढ	ण
	ड़	ढ़		
त	थ	द	ध	न
प	फ	ब	भ	म
	य	र	ल	व
	श	ष	स	ह

संयुक्त व्यंजन

क्ष	त्र	ज्ञ	श्र

आओ पढ़ो

नीचे दिए वाक्यों को पढ़ो–

अमन कसरत कर।

नटखट मत बन।

आलस मत कर।

झटपट उठ कर टहल।

अभय अंदर चल।

कलम पकड़।

खटमल मत पकड़।

आ! गरम-गरम मटर चख।

सरगम कटहल चख।

टमटम पर शहर चल।

उछल-उछल कर मत चल।

सड़क पर मत टहल।

आओ पढ़ो

नीचे दिए वाक्यों को पढ़ो–

अहमद झटपट उठ।

तरकश उधर रख।

करवट मत बदल।

झटपट यह बरतन भर।

अचकन नल पर रख।

अमरस और चमचम खा।

बनठन कर सरकस चल।

चित्रों की सहायता से वाक्य पढ़ो ओर लिखो–

मनहर 

पकड़।

अकबर  पर चढ़।

जगत 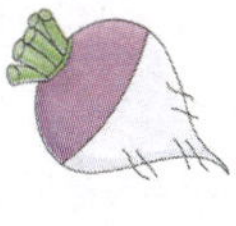 चख।

अभय  मत पकड़।

एक बार और

पढ़ो और लिखो–

स्वर

अ	आ	इ	ई	उ
ऊ	ऋ	ए	ऐ	ओ
औ	अं	अः		

व्यंजन

क	ख	ग	घ	ङ
च	छ	ज	झ	ञ
ट	ठ	ड	ढ	ण
ड़	ढ़			
त	थ	द	ध	न
प	फ	ब	भ	म
य	र	ल	व	
श	ष	स	ह	

संयुक्त व्यंजन

क्ष	त्र	ज्ञ	श्र

सोचो और करो

चित्र पहचानकर उनके नाम लिखो।

अजगर	बरतन	कसरत	बतख	सरकस
शहद	कलश	नल	बरगद	

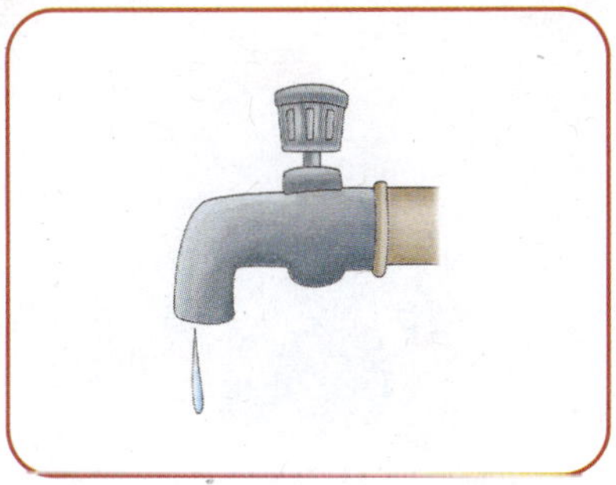

सोचो और करो

चित्र पहचानकर उनके नाम लिखो।

सड़क	भवन	अचकन	बस	फल
शलगम	जग	मलहम	कलम	

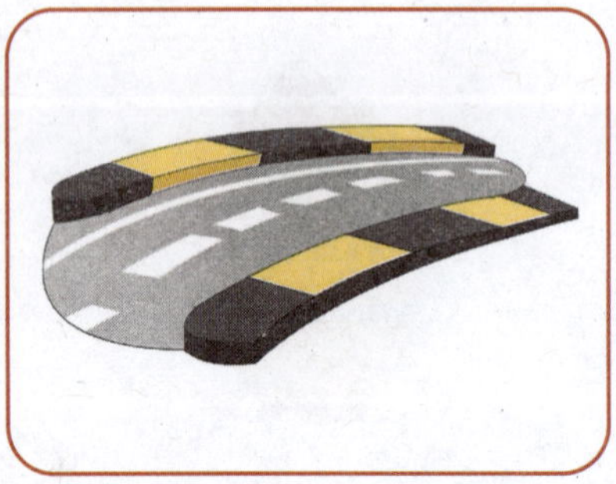

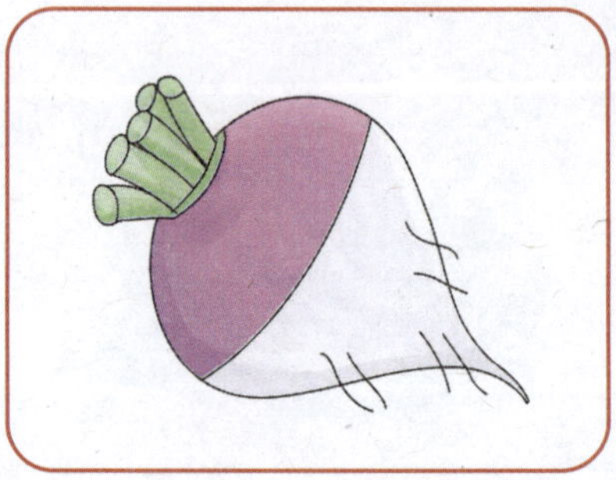